Impressum
Verlag: BABADADA GmbH, Nedderfeld 112 , 22529 Hamburg
Geschäftsführer / Verlagsleitung: Harald Hof
Druck: Books on Demand GmbH, In de ⁻arpen 42, 22848 Norderstedt

Imprint
Publisher: BABADADA GmbH, Nedderfeld 112 , 22529 Hamburg, Germany
Managing Director / Publishing direction Harald Hof
Print: Books on Demand GmbH, In de Tarpen 42, 22848 Norderstedt

school

baruumsaa

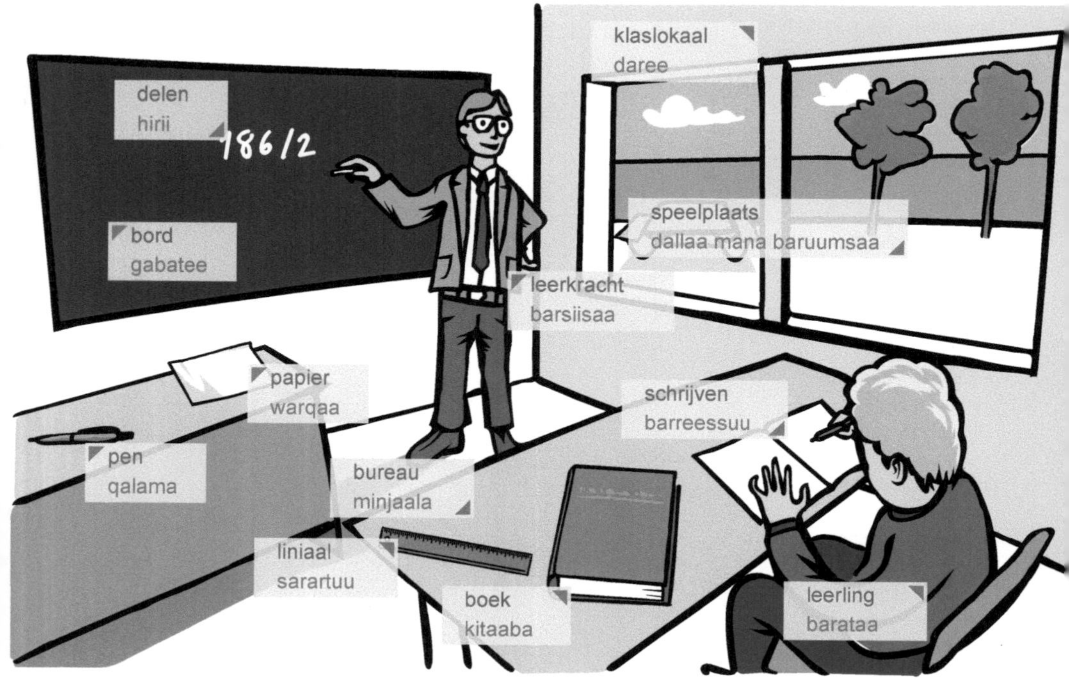

klaslokaal
daree
delen
hirii
186/2
speelplaats
dallaa mana baruumsaa
bord
gabatee
leerkracht
barsiisaa
papier
warqaa
schrijven
barreessuu
pen
qalama
bureau
minjaala
liniaal
sarartuu
boek
kitaaba
leerling
barataa

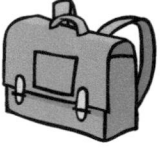

schooltas

korojoo baattamu

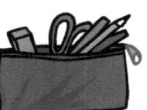

pennenzak

teessoo irsaasii

potlood

irsaasii

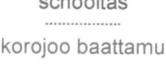

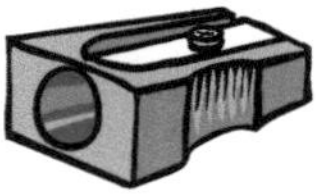

puntenslijper

qartuu irsaasii

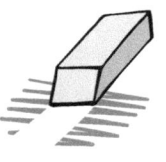

gom

haqxuu

tekenblok

paadii fakkii

tekening

fakkii

verfborstel

burusha halluu

verfdoos

saanduqa halluu

schaar

maqasa

lijm

maxxansituu

werkboek

daftara

huiswerk

hojii manaa

nummer

lakkoofsa

optellen

ida'ii

aftrekken

hir;isi

vermenigvuldigen

bay;isi

rekenen

heerregii

letter

xalayaa

alfabet

tarree qubee

woord

jecha

tekst
kitaaba barataa

Lezen
dubbisuu

krijt
biroonkii

les
baruumsa

klassenboek
galmeessuu

examen
qormaata

certificaat
raga barreeffamaa

schooluniform
uffata mana baruumsaa

onderwijs
barnoota

encyclopedie
insaaykiloopeediyaa

universiteit
yuunivarstii

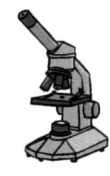

microscoop
maaykiroos kooppii

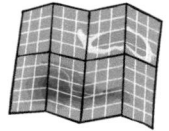

kaart
kaartaa

papiermand
qircaata gatoo

reis

imala

hotel
hoteela
Grand
jeugdherberg
hosteela
ROOMS
CHANGE
wisselkantoor
biiroo de cheenjee
koffer
shaanxaa kafanaa
auto
konkolaataa

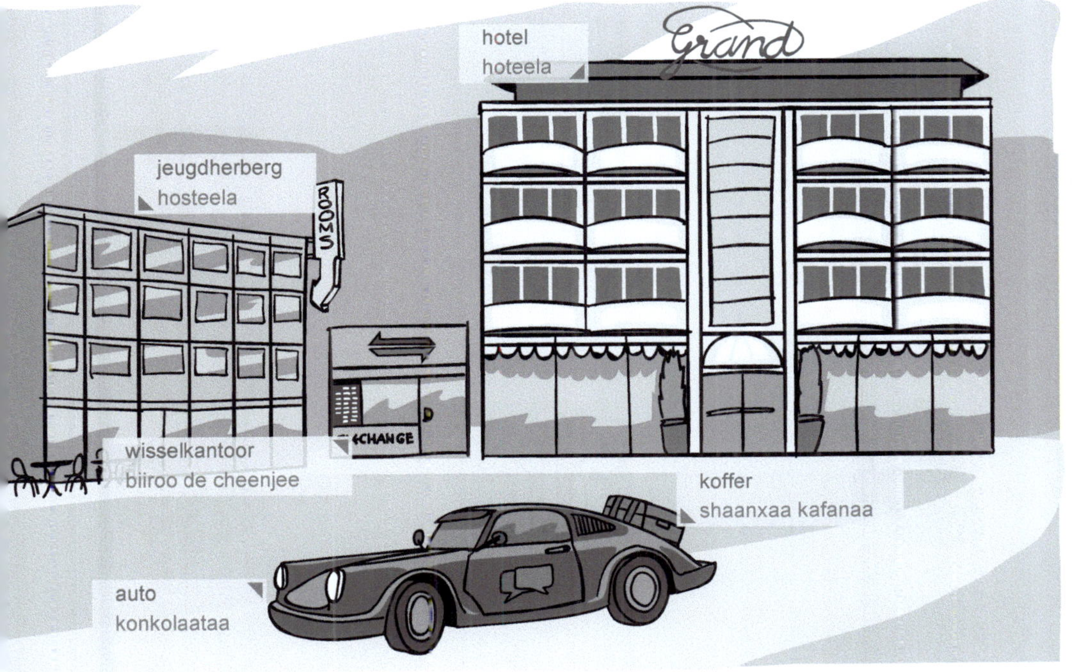

Taal

afaan

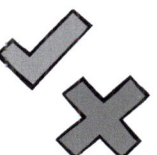

ja / nee

eyyeen / mitii

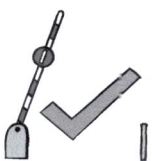

oké

haa ta'u

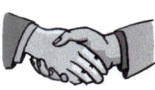

hallo

heloo

vertaler

turjmaana

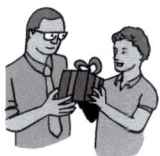

bedankt

galatoomaa

Hoeveel kost …?

meeqa

Ik begrijp het niet

naaf hingalle

probleem

rakkoo

Goedenavond!

akkam ooltan

Goedemorgen!

akkam bultan?

Goedenavond!

halkan gaarii

Tot ziens

nagaatti nagaatti

richting

kallattii

bagage

ba'aa imalaa

zak

korojoo

rugzak

ba'aa dugdaa

gast

keessummaas

kamer

kutaa

slaapzak

korojoo hirriibaa

tent

dukkaana

toeristeninformatie

odeeffannoo turistii

strand

qarqara haroo

kredietkaart

kireedit kaardii

ontbijt

ciree

lunch

laaqana

avondeten

irbaata

ticket

tikkeetii

lift

liiftii

postzegel

chaappaa

grens

daangaa

douane

barmaatilee

ambassade

embaasii

visum

viizaa

paspoort

paasspoortii

transport
geejiba

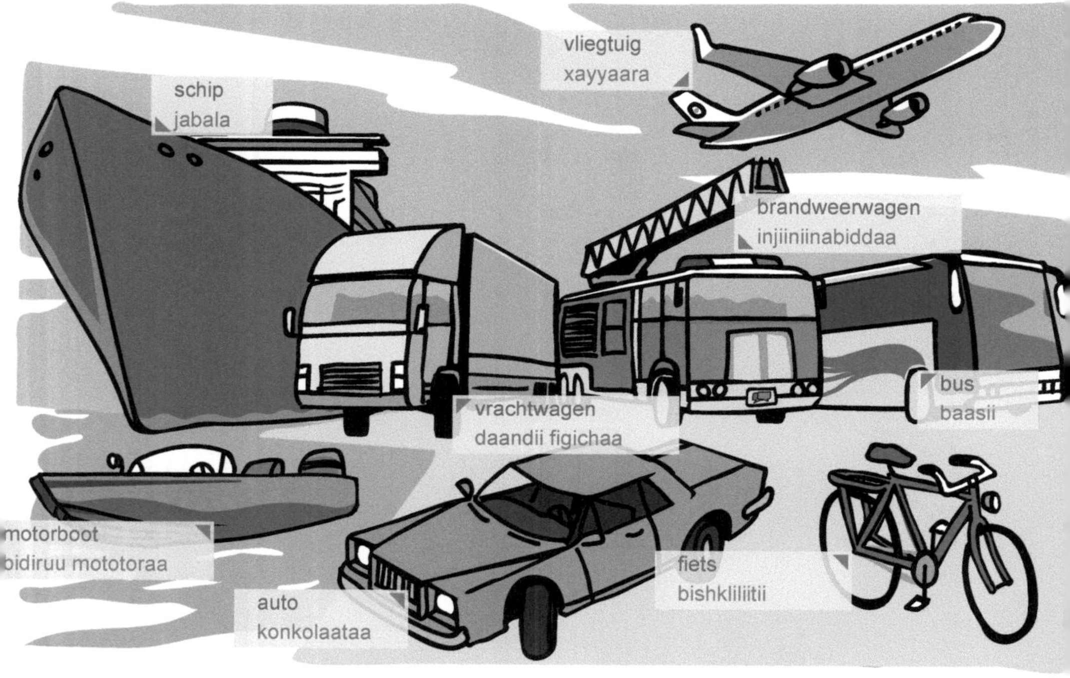

schip
jabala
vliegtuig
xayyaara
brandweerwagen
injiiniinabiddaa
vrachtwagen
daandii figichaa
bus
baasii
motorboot
bidiruu mototoraa
auto
konkolaataa
fiets
bishkliliitii

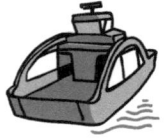

veerboot

bidiruu deeddebii

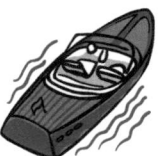

boot

bidiruu

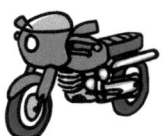

motor

doqdoqqee

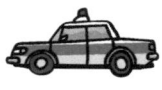

politiewagen

konkolaataa foolisaa

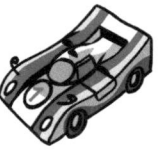

racewagen

konkolaataa dorgommii

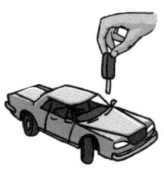

huurauto

konkolaataa kiraa

carpoolen

konkolataa waliin gahuu

sleepwagen

marsaa boqqoonna

vuilniswagen

daandii dho·kaa

motor

motora

benzine

boba'aa

benzinestation

buufata boba'aa

verkeersbord

mallattoo tiraafikaa

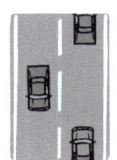

verkeer

tiraafika

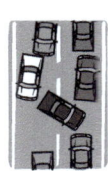

file

cuccufaa daandii
konkolaataa

parkeerplaats

dhaabbii konkolaataa

station

buufata baburaa

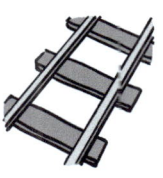

sporen

konkolaataa guddaa

trein

baabura

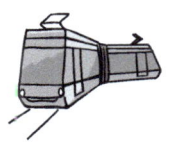

tram

baabura eleektirikaa

wagon

gaarii fardaa

helikopter

helikooftara

luchthaven

buufata xayyaaraa

toren

qooxii

passagier

keessummaa

container

konteenara

karton

kaartunii

kar

gaarii

mand

qirccaata

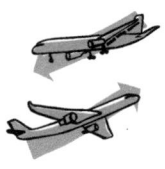

opstijgen / landen

barrisuu / qubachuu

stad

magaalaa gudaa

dorp

araddaa

stadscentrum

handhuura magaalaa

huis

mana

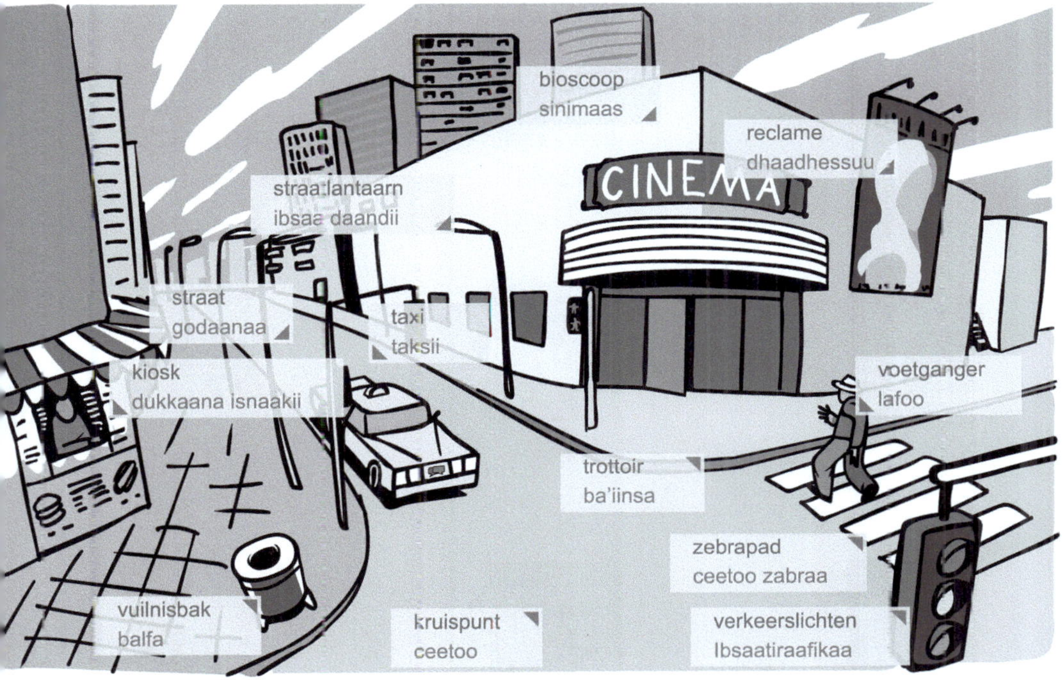

CINEMA
bioscoop
sinimaas
reclame
dhaadhessuu
straatlantaarn
ibsaa daandii
straat
godaanaa
taxi
taksii
kiosk
dukkaana isnaakii
voetganger
lafoo
trottoir
ba'iinsa
zebrapad
ceetoo zabraa
vuilnisbak
balfa
kruispunt
ceetoo
verkeerslichten
Ibsaatiraafikaa

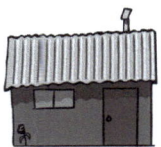

hut
godoo

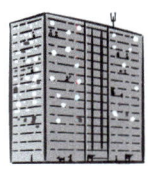

woning
diriiraa

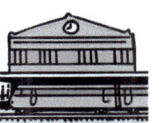

station
buufata baburaa

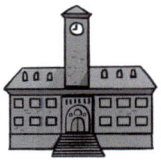

stadshuis
galma magaalaa

MUSEUM

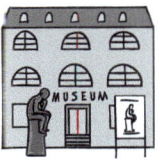

museum
muuziyeemii

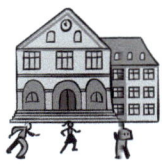

school
baruumsaa

universiteit

yuunivarstii

bank

baankii

ziekenhuis

hospitaala

hotel

hoteela

apotheek

mana qorichaa

kantoor

waajjira

boekwinkel

dukkana kitaabaa

winkel

dukkaana

bloemenwinkel

gurgurtuu abaabo

supermarkt

suppar maarkeetii

markt

gabaa

warenhuis

kuusaa dame

vishandelaar

kiyyeessituu qurxxummii

winkelcentrum

giddu gala gabaa

haven

buufata galaanaa

park
paarkii

bank
tessoo dalgee

brug
riqica

trap
sibsaabii

metro
Lafa jala

tunnel
holqa

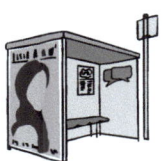

bushalte
buufata konkolaataa

bar
baarii

restaurant
mana nyaataa

brievenbus
saanduqa poostaa

straatnaambord
mallattoodaandii

parkeermeter
idoo dhaabbii konkolaataa

zoo
dallaa beeladaa

zwembad
haroo daakkaa

moskee
masgiida

boerderij
....
qonna

milieuverontreiniging
....
faalama

kerkhof
....
iddoo awwaalchaa

kerk
....
charchii

speelplaats
....
dirree taphaa

tempel
....
siidaa

landschap
teechuma lafaa

blad
baala

wegwijzer
maxxansa beeksiisaa

weg
karaa

weide
huruufa magariisa

steen
dhakaa

boom
muka

wandelaar
nama lafoo deemu

rivier
laga

gras
mrga

bloem
abaaboo

vallei
sulula

heuvel
tabba

meer
hara

bos
bosona

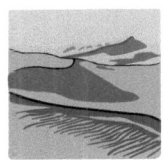

woestijn
gammoojjii oo;aa

vulkaan
dhooyinsalafaa

kasteel
masaraa

regenboog
sabbata waaqqaa

paddenstoel
jaarsa marqoo

palmboom
muka teemiraa

mug
bookee busaa

vlieg
balali'uu

mier
mixii

bijl
kanniisa

spin
sarariitii

kever

boombii

kikker

hurrii

eekhoorn

shikookkoo

egel

xaddee

haas

beelada illeentii fakkaatu

uil

jajuu

vogel

simbira

zwaan

daakkiyyee

wild zwijn

ifaannaa

hert

godaa

eland

godaa ameerikaatti argamu

dam

riqicha

windturbine

tarbaayinii buubbee

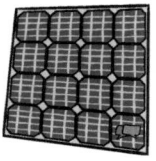

zonnepaneel

panaalii soolaarii

klimaat

haala qilleensaa

restaurant
mana nyaataa

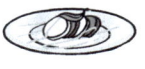

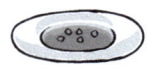

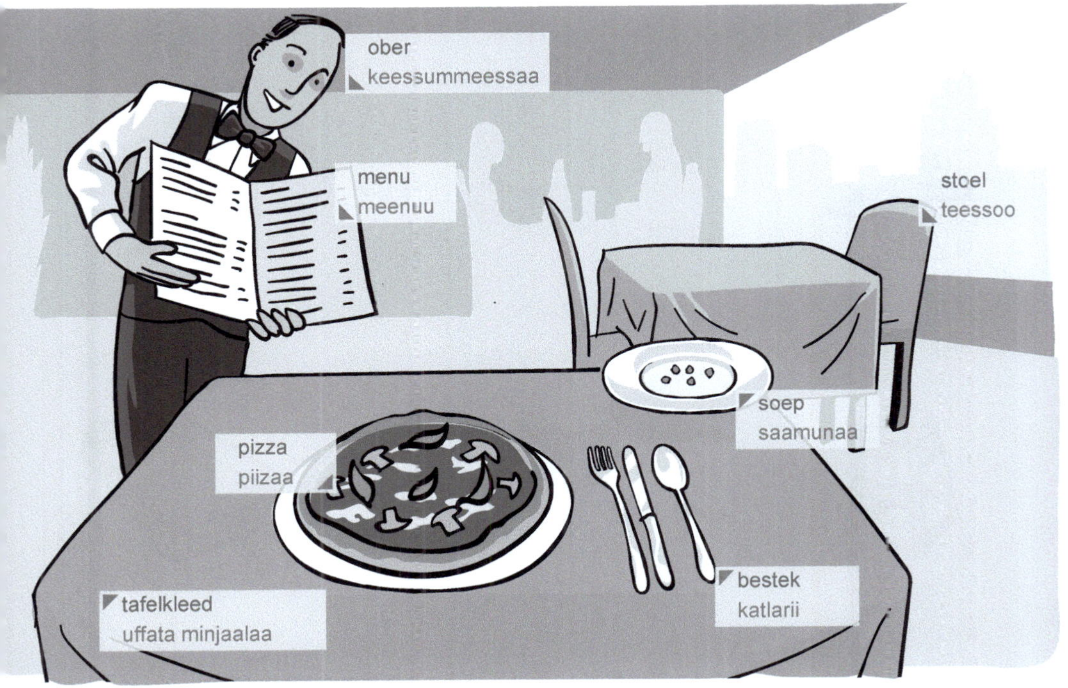
ober
keessummeessaa
menu
meenuu
stoel
teessoo
soep
saamunaa
pizza
piizaa
bestek
katlarii
tafelkleed
uffata minjaalaa

voorgerecht

calqabsiisaa

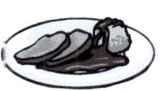

hoofdgerecht

madda muummee

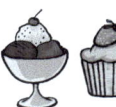

nagerecht

deezaartii

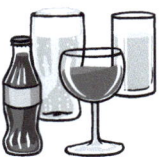

drankjes

dhugaatii

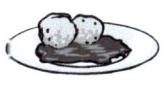

eten

nyaata

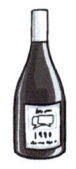

fles

qaruuraa

fastfood

nyaata qophaa'aa

street food

nyaata karaa irraa

theepot

markajii shaayii

suikerpot

qodaa shukkaaraa

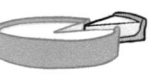

portie

uwwisa

espressomachine

maashina espereessoo

kinderstoel

teessoo ol ka'aa

rekening

nagahee

dienblad

tirii

mes

hlbee

vork

shuukkaa

lepel

fal'aana

theelepel

fal'aana shaayii

serviette

uffrata minjaala nyaataa

glas

burcuqqoo

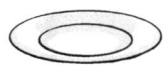

bord
diiriiraa

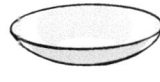

soepbord
teessoo saamunaa

schoteltje
teessoo siinii

saus
sugoo

zoutvatje
qodaa sooqiddaa

pepermolen
daaktuu barbaree

azijn
hadhooftuu

olie
zayita

kruiden
qimamii

ketchup
kachappii

mosterd
sanaafica

mayonaise
maaynoneezii

supermarkt
suppar maarkeetii

aanbieding
kenaa addaa
FOR
klant
maamila
zuivelproducten
oomish aannanii
fruit
fuduraa
winkelwagen
baabura eelektirikaa

BUTCHERS

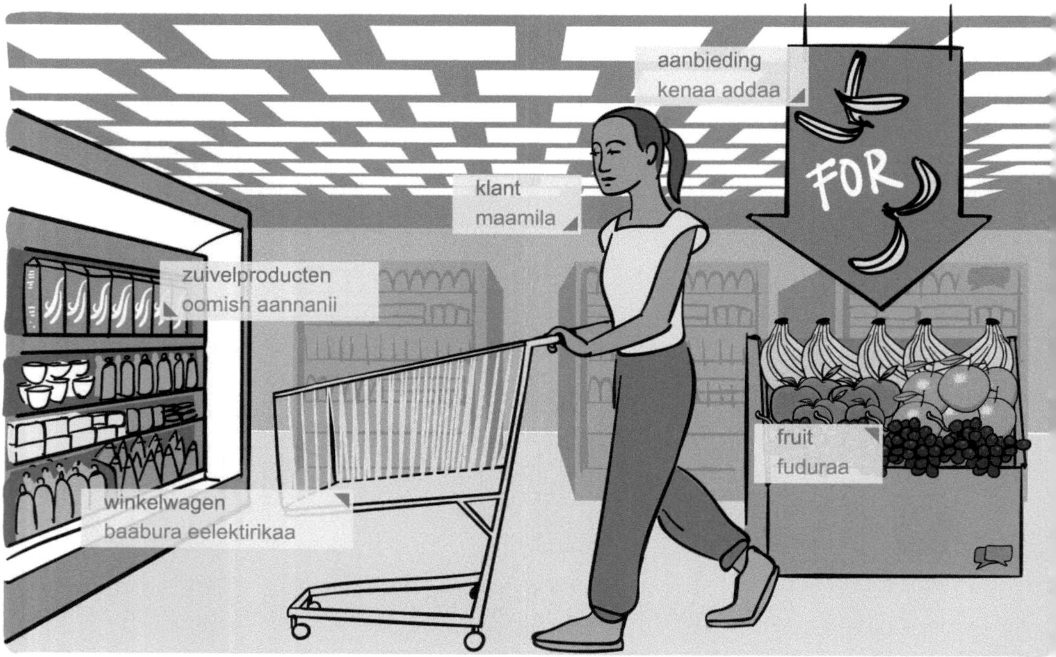

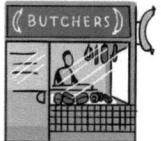

slagerij

mana foonii

BAKERY

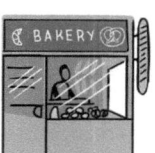

bakkerij

tolchituu

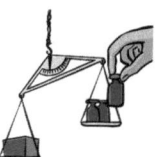

wegen

ulfaatina safaruu

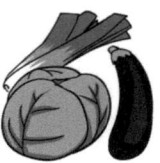

groenten

kuduraa

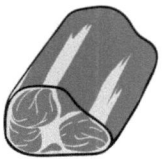

vlees

foon

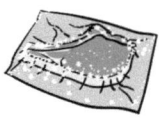

diepvriesvoedsel

nyaataqorraa

charcuterie
foon qorraa

conserven
ryaata samsmaa

waspoeder
oomoo

snoep
mi'aawaa

huishoudproducten
oomisha meeshaa manaa

schoonmaakproducten
bu'aa qulqulleessuu

verkoopster
nama gurgurtaa

kassa
hanga

kassier
qarshi qabduu

boodschappenlijstje
taree gabaa

openingstijden
sa'aatii baniinsaas

portefeuille
krojoo qarshii kan dh iraa

kredietkaart
kireedit kaardii

tas
korojoo

plastieken zakje
korojoo pilaastikaa

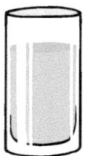

water

bishaan

sap

cuunfaa

melk

aannani

cola

kookii

wijn

wayinii

bier

biiraa

alcohol

alkoolii

cacao

kookaa

thee

shaayii

koffie

buna

espresso

espereesso

cappuccino

kaappuchuunoo

banaan

muuzii

appel

aappilii

sinaasappel

burtukaana

meloen

meeloonii

citroen

loomii

wortel

kaarotii

knoflook

qullubbii adii

bamboe

leemmana

ajuin

qullubbii

champignon

jaarsa marqoo

noten

godoo

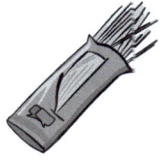

noodles

gowwaa

spaghetti

ispaageetii

rijst

ruuza

salade

salaaxaa

frieten

chiipsii

gebakken aardappelen

moose affeelamaa

pizza

piizaa

hamburger

hmbargarii

sandwich

saanduchii

kalfslapje

kotaleetii

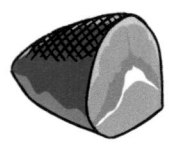

ham

foon booyyee kan luka
fuuiduraa

salami

nyaata mi'eessituu fi
sooggiddan sukkummame

worst

sausage

kip

lukuu

braden

waaddii

vis

qurxummii

havervlokken

bulluqa aajjaa

muesli

masliis

cornflakes

fandishaa

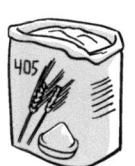

bloem

daakuu

croissant

kiroosantii

pistolet

daabboo–

brood

daabboo

toast

dabboo oo'aa

koekjes

buskuuta

boter

dhadhaa

kwark

itittuu

taart

keekii

ei

buuphaa

spiegelei

buuphaa affeelamaa

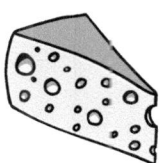

kaas

ayibii

eten - nyaata

ijs

aays kireemii

suiker

shukkaara

honing

damma

confituur

marmaalaataa

choco

chokkoleetii bittinnaa'aa

curry

kuurii

boerderij
qonna

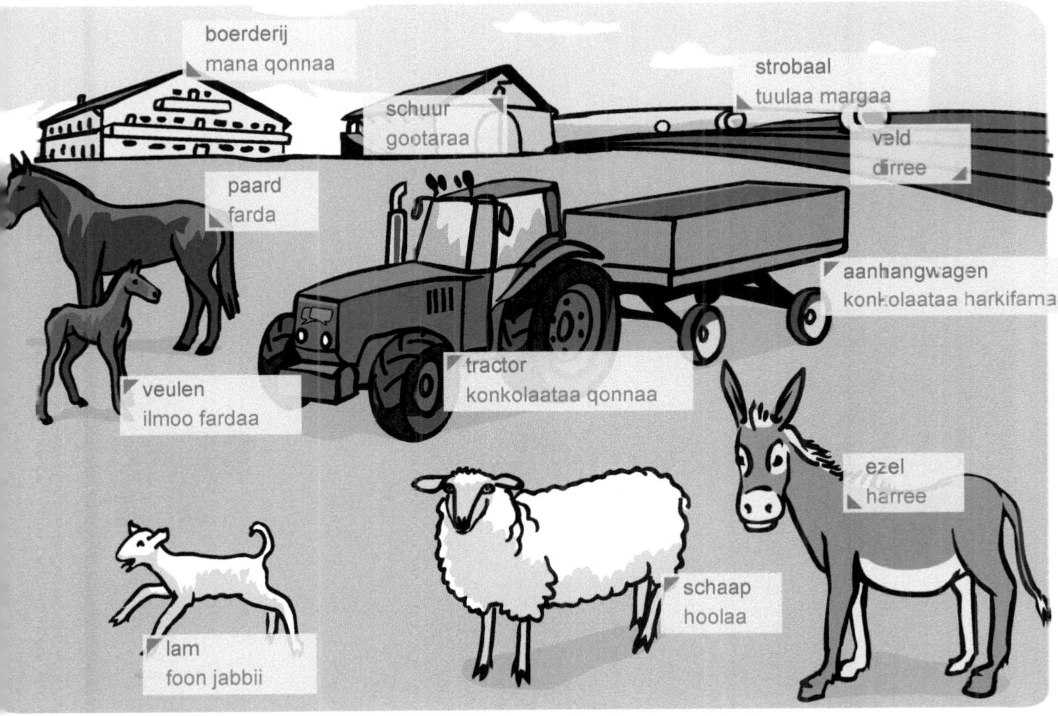
boerderij
mana qonnaa
schuur
gootaraa
strobaal
tuulaa margaa
veld
dirree
paard
farda
aanhangwagen
konkolaataa harkifamaa
tractor
konkolaataa qonnaa
veulen
ilmoo fardaa
ezel
harree
schaap
hoolaa
lam
foon jabbii

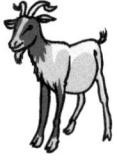

geit
ra'ee

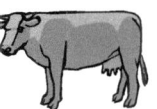

koe
sa'a

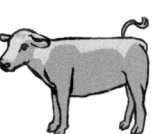

kalf
jabbilee

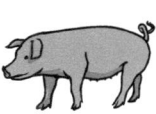

varken
booyyee

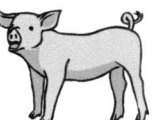

biggetje
ilmoo booyyee

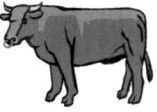

stier
korma

gans

ziyyee

eend

daakkiyyee

kuiken

lukkuu

kip

lukkuu haadhoo

haan

lukkuu kormaa

rat

hantuuta

kat

adurree

muis

hantuuta goodaa

os

qotiyyoo

hond

saree

hondenhok

mana saree

tuinslang

ujjummoo oddoo

gieter

kan ittin bishaan obaasan

zeis

haamtuu dheeraa

ploeg

qotuu

sikkel

haamtuu

schoffel

gasoo

hooivork

manshii

bijl

qotoo

kruiwagen

çaarii goommaa

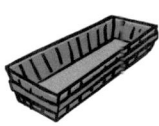

trog

suluula

melkkan

meeshaa aannanii

zak

keeshaa

hek

dallaa

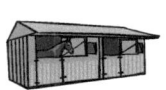

stal

tasgabbii

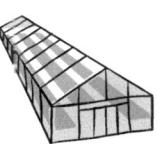

broeikas

mana biqiltuu

bodem

biyyee

zaad

sanyii

mest

dachee gabbistuu

maaidorser

kmbaayinara haamaa

oogsten
haamuu

oogst
haamuu

yam
biqiltuu hundeen isaa
nyaatamu

tarwe
qamadii

soja
sooy

aardappel
moose

maïs
boqqoolloo

koolzaad
raappii siidii

fruitboom
muka fudraa

maniok
kzaavaa

graan
midhaan biilaa

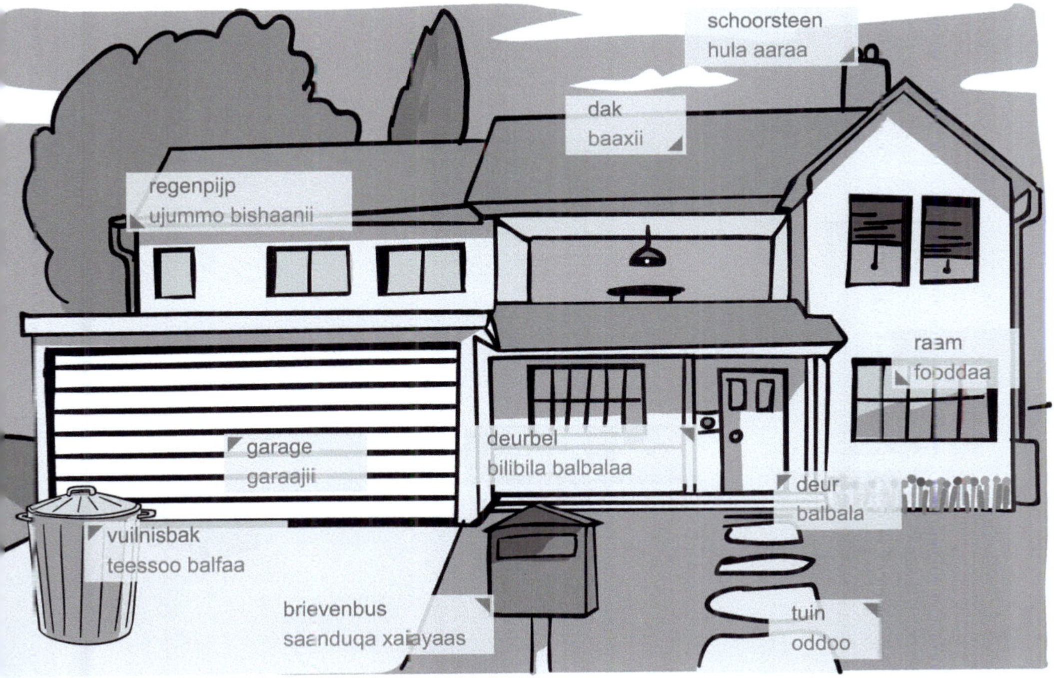

schoorsteen
hula aaraa

dak
baaxii

regenpijp
ujummo bishaanii

raᴈm
fooddaa

garage
garaajii

deurbel
bilibila balbalaa

deur
balbala

vuilnisbak
teessoo balfaa

brievenbus
saᴈnduqa xaiayaas

tuin
oddoo

woonkamer

kutaa jireenyaa

badkamer

kutaa dhiqannaa

keuker

mana bilcheᴈssaa

slaapkamer

kutaa ciisichaa

kinderkamer

kutaa ijoollee

eetkamer

kutaa nyaataa

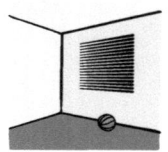

vloer

lafa

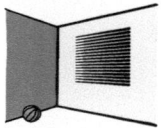

muur

ededaa

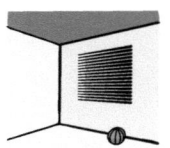

plafond

baaxii

kelder

seelaarii

sauna

saawunaa

balkon

baankoonii

terras

madaba

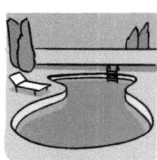

zwembad

puulii

grasmaaier

konkoolaataa haamaa

dekbedovertrek

ansoolaa

dekbed

uffata siree

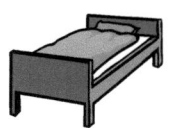

bed

siree

bezem

hartuu

emmer

baaldii

schakelaar

cufuu

woonkamer
kutaa jireenyaa

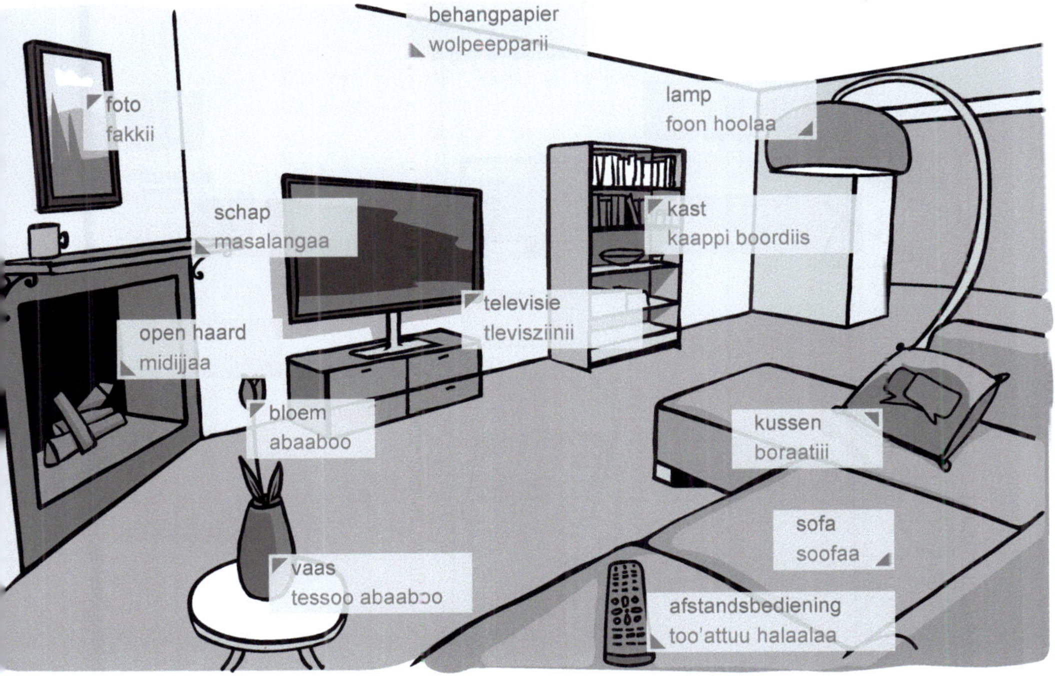

behangpapier
wolpeepparii
foto
fakkii
lamp
foon hoolaa
schap
masalangaa
kast
kaappi boordiis
televisie
tleviszinii
open haard
midijjaa
bloem
abaaboo
kussen
boraatiii
sofa
soofaa
vaas
tessoo abaaboo
afstandsbediening
too'attuu halaalaa

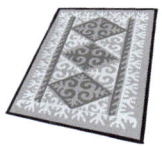

mat
afata

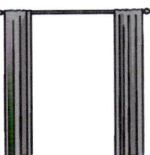

gordijn
golgaa

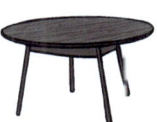

tafel
minjaala

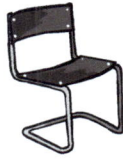

stoel
teessoo

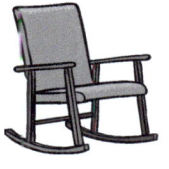

schommelstoel
teessoo rarra'aa

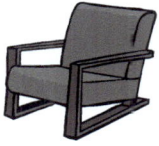

fauteuil
teesoo ciqilffannaa

boek
kitaaba

deken
uffata qorraa

decoratie
midhagina

brandhout
muka qoraanii

film
fiilmii

stereo-installatie
meeshaa

sleutel
furtuu

krant
gaazexaa

schilderij
dibuu

poster
barjaa

radio
reedyoonii

notitieboekje
daftara yaadanoo

stofzuiger
meeshaa eeleektirikaa afata
qulqulleessu

cactus
laaftoo

kaars
dungoo

keuken

mana bilcheessaa

koelkast
firiijii
microgolfoven
midijjaa maayikirooweevii
keukenweegschaal
meeshaa bilcheessaa
broodrooster
waaddituu
afwasmiddel
saaunaa
oven
midijjaa
vriesvak
qabbaneessitu
vuilnisbak
teessoo balfaa
vaatwasmachine
saafaa

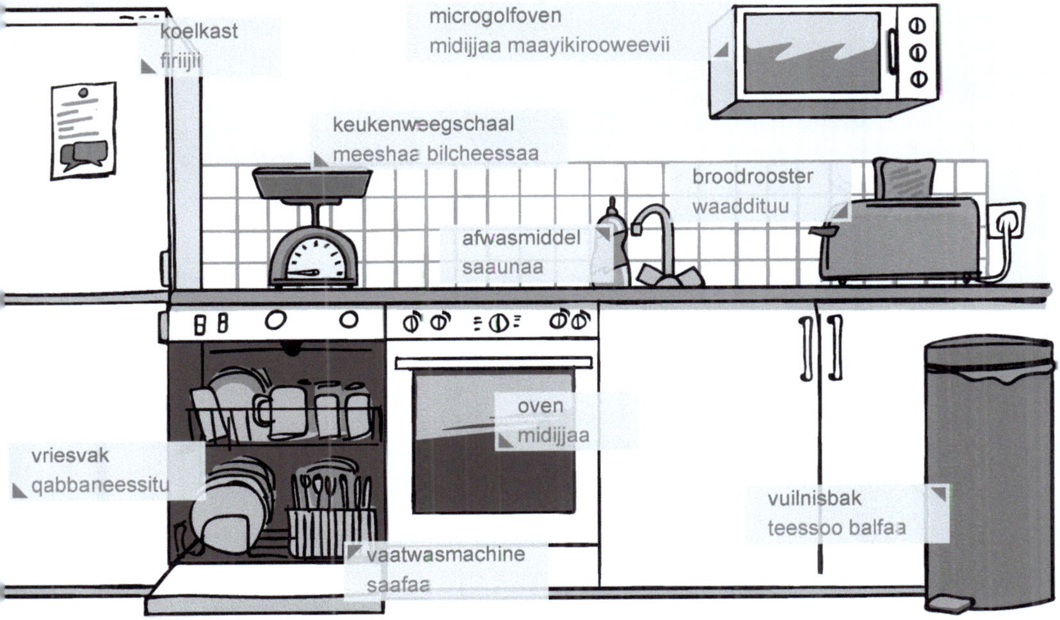

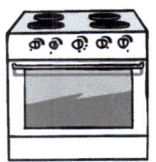

fornuis

bilcheesssituu

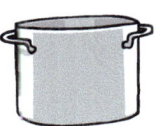

pot

okkotee

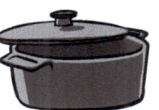

gietijzeren pot

cast-iron pot

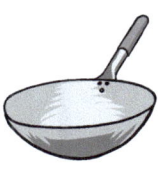

wok / kadai

sataatee

pan

waaddituu

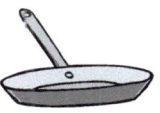

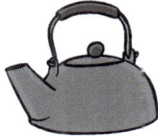

waterkoker

markajii

stoomkoker

jabala humna urkaa

bakplaat

tirii bilcheessaa

servies

bantuu qaruuraa

mok

geeba

kom

sayinaa

eetstokjes

dibata hidhii

pollepel

cilfaa

spatel

shuukkaa

garde

areeda aduurree

vergiet

dhimbiibduu

zeef

gingilchaa

rasp

meeshaa farfartuu

mortier

mooyyee

barbecue

waadii abiddaa

haardvuur

midijjaa

snijplank

maktafiyaa

deegrol

martuu

kurkentrekker

bantuu qaruuraa

blik

danda'uu

blikopener

banuu danda'uu

pannenlap

teesoo okkotee

gootsteen

lixuu

borstel

buruushii

spons

ispoonjii

blender

meeshaa waliin makaa

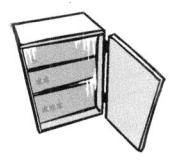

vriezer

qabbaneessaa guddaa

papfles

xuuxxoo

kraan

ujjuummoo

badkamer
kutaa dhiqannaa

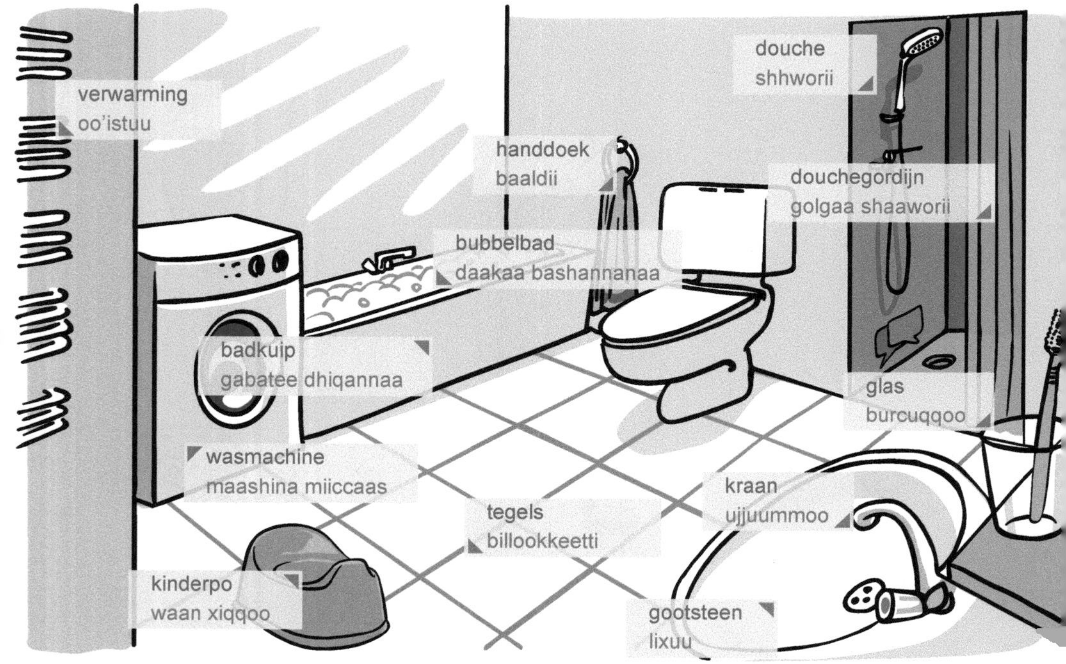

verwarming
oo'istuu
handdoek
baaldii
douche
shhworii
douchegordijn
golgaa shaaworii
bubbelbad
daakaa bashannanaa
badkuip
gabatee dhiqannaa
glas
burcuqqoo
wasmachine
maashina miiccaas
kraan
ujjuummoo
tegels
billookkeetti
kinderpo
waan xiqqoo
gootsteen
lixuu

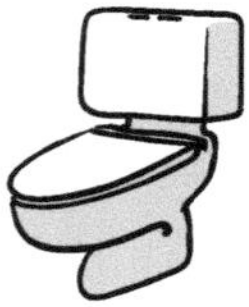

toilet

mana fincaanii

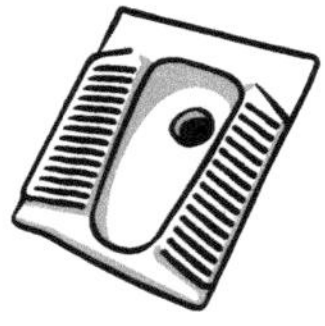

hurktoilet

mana fincaanii taa'e

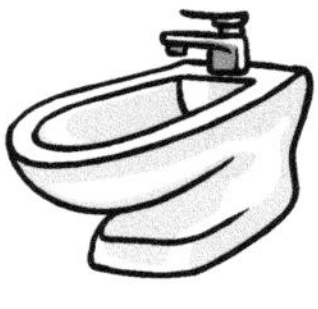

bidet

saafaa

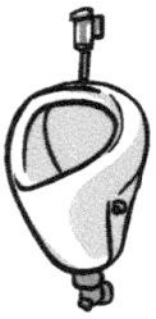

urinoir

sahiinaa mana fincaanii

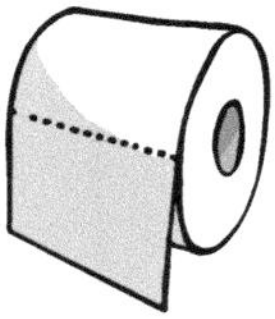

toiletpapier

sooftii

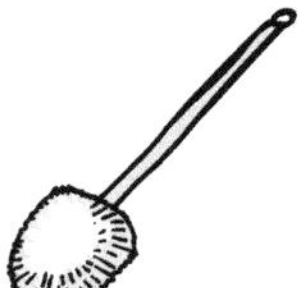

toiletborstel

burusha mana fincaanii

tandenborstel

buruushii ilkaanii

tandpasta

saamunaa ilkaanii

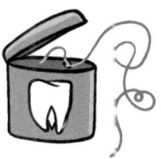

flosdraad

soqxuu ilkaanii

wassen

dhiquu

handdouche

qaama dhiqannaa aadaa

bidethanddouche

kan dach

waskom

sulula

rugborstel

mana dhiqataa

zeep

saamunaa

douchegel

dibata dhiqannaa boodaa

shampoo

shaampuu

washandje

jejuu

afvoer

gogsuu

crème

kireemii

deodorant

dodoraanti

spiegel

daawitii

handspiegel

daawitii hrkaa

scheermes

milaacii

scheerschuim

dibata areedaas

aftershave

diibata areedaa

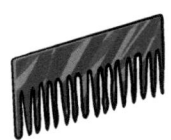

kam

filaa

borstel

burusha

haardroger

qoorsituu rifeensaa

haarlak

hafuuftuu rifeensaa

make-up

meekaappii

lippenstift

lippistiikii

nagellak

qeessa muculiksituu

watten

jirbii

nagelknipper

murtuu qeessa

parfum

shittoo

toilettas

korojoo dhiqannaa

kruk

gatteechuma

weegschaal

iskeelii ulfaatinaa

badjas

uffata dhiqannaa

latex handschoenen

guwaantii pilaastikaa

tampon

moodesii

maandverband

fooxaa qulquulinaa

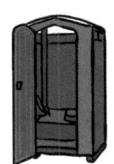

chemisch toilet

keemikaala mana fincaanii

kinderkamer
kutaa ijoollee

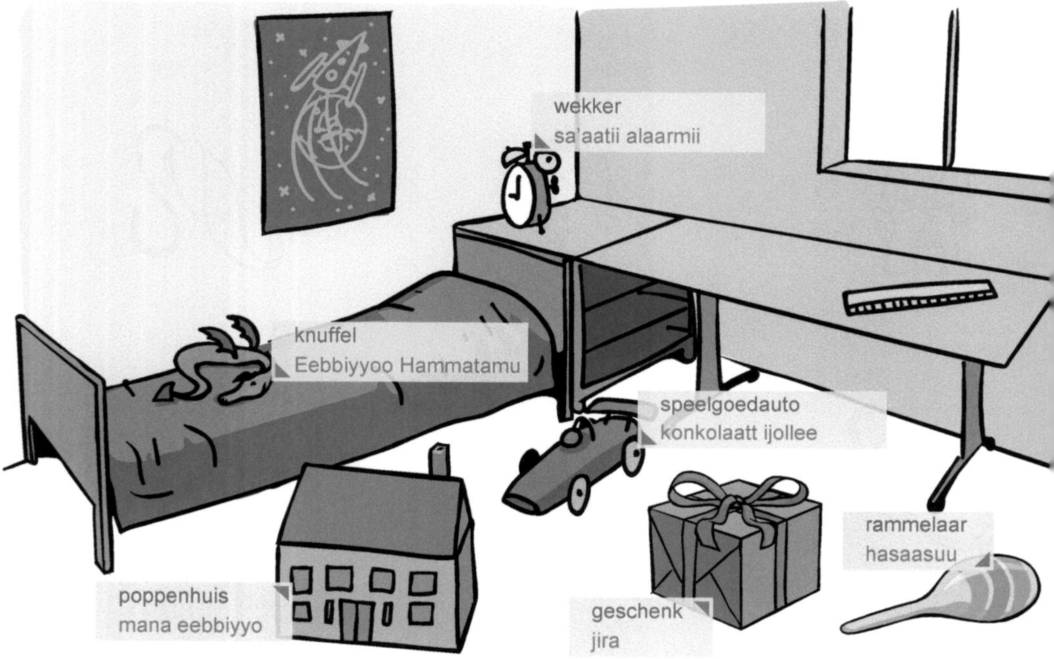
wekker
sa'aatii alaarmii
knuffel
Eebbiyyoo Hammatamu
speelgoedauto
konkolaatt ijollee
rammelaar
hasaasuu
poppenhuis
mana eebbiyyo
geschenk
jira

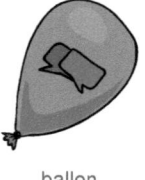

ballon

baaloonii

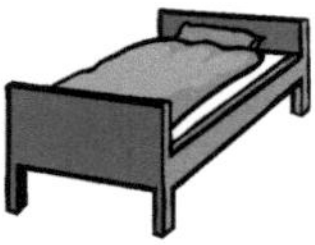

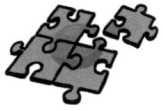

bed

siree

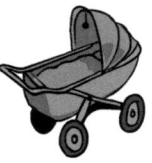

kinderwagen

gaarii daa'imaa

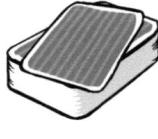

spel kaarten

Minjaala Kaardii

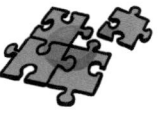

puzzel

akaafaa

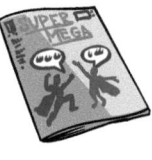

stripboek

kofalchiisaa

legoblokjes

lego bricks

blokken

dlookii ijaarsaa

actiefiguur

lakkofsa gochaa

kruippakje

guddina daa'imaa

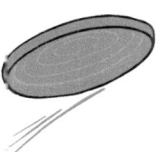

frisbee

saahinaa taphaa

mobiel

mobaayilii

bordspel

gabatee taphaa

dobbelsteen

kuubii lakk. 1-6 qabu

modelspoorweg

teessuma leenji'aa
modeelaa

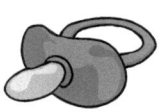

fopspeen

fakkii

feest

afeerrii

prentenboek

kitaaba faki

bal

kubbaa

pop

eebiyyoo

spelen

tapha

zandbak

boolla cirrachaa

schommel

hodhuu

speelgoed

eebbiyyoo

spelconsole

konsoli tapha viidyoo

driewieler

marsaa sadii

knuffelbeer

eebiyyo hammatamtu

kleerkast

sanduqaa dhaabbii

kleding
cuufinsa

sokken

kaalsii

kousen

istookingii

maillot

taayitii

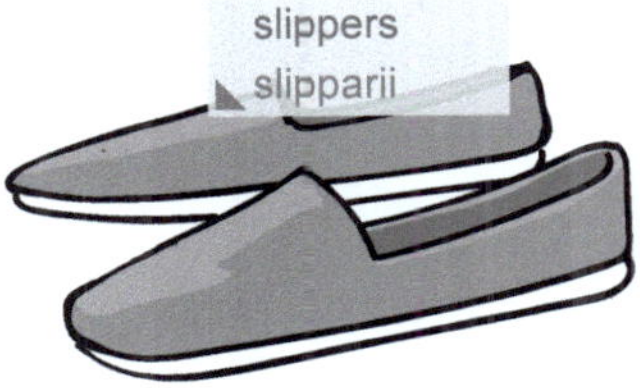

sjaal
guftaa

riem
qabattoo

paraplu
dibaaboo

T-shirt
qomee

laarzen
bidiruuwwan

slippers
slipparii

sneakers
leenjitoota

sandalen
....
kophee banaa

schoenen
....
kophee

rubberlaarzen
....
bidiruu pilaast kaa

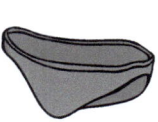

onderbroek
....
butaantaa

beha
....
harmaa

onderhemd
....
sadariyyaa

lichaam

qaama

broek

kofoo dheeraa

jeans

jiinsii

rok

dalgee

blouse

shamiza

hemd

shurraaba

trui

shurraaba

capuchontrui

haaguuggii jaakkeettii

blazer

yuunifoormii

jas

jaakkeettii

jas

kootii

regenjas

kafana roobaa

kostuum

barsuma

jurk

wandaboo

trouwjurk

kafana gaa'ilaa

pak

kafana guutuu

nachthemd

uffata halkanii

pyjama

bijaamaa

sari

wandaboo hindii

hoofddoek

guftaa

tulband

marata

boerka

burqaa

kaftan

jalabiyyaa

abaya

abaya

badpak

kafana daakkaa

zwembroek

mudhii

short

kofoo gabaaɔaa

trainingspak

kafanafgichaa

schort

appiroonii

handschoeren

guwwaantːi

kleding - cuufinsa

knoop

furtuu

bril

burcuqqoowwan

armband

gumee

ketting

amartii

ring

qubeelaa

oorbel

glii

pet

geeba

kapstok

fanoo kootii

hoed

qoobii

das

karbaata

rits

ziippii

helm

heelmeetii

bretellen

collee

schooluniform

uffata mana baruumsaa

uniform

yuunifoormii

slabbetje

kafana gorooraa

fopspeen

fakkii

luier

naappii

kantoor
waajjira

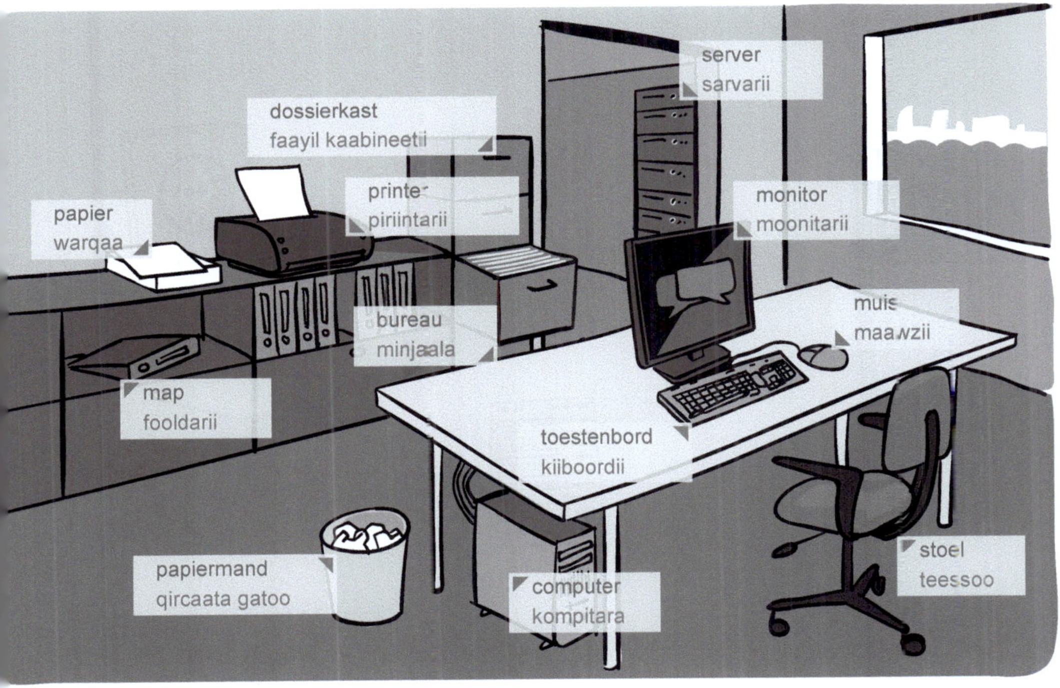

server
sarvarii

dossierkast
faayil kaabineetii

printer
piriintarii

monitor
moonitarii

papier
warqaa

muis
maawzii

bureau
minjaala

map
fooldarii

toestenbord
kiiboordii

stoel
teessoo

papiermand
qircaata gatoo

computer
kompitara

koffiemok

siinii bunaa

rekenmachine

herregduu

internet

intarneetii

laptop

lab tooppii

brief

xalaya

bericht

ergaa

gsm

mobbyilii

netwerk

neetwoorkii

kopieerapparaat

maashina footokoppii

software

sooft weerii

telefoon

bilbila

stopcontact

sookkeetii suuqii

fax

maashina faaksiis

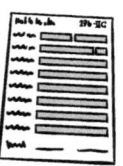

formulier

uunkaa

document

dookimantii

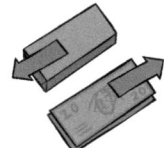

kopen
....
bituu

betalen
....
kafaluu

handelen
....
daldaluu

geld
....
qarshii

USD

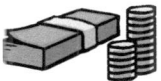

dollar
....
doolaara

EUR

euro
....
yuroou

JPY

yen
....
yen

RUB

roebel
....
ruubilii

CHF

Zwitserse frank
....
Farankaa swwiz

CNY

Chinese renminbi
....
yuwaanii reenmiinbii

INR

roepie
....
ruuppee

geldautomaat
....
kaash pooyintii

wisselkantoor

biiroo de cheenjee

goud

warqee

zilver

meeta

olie

zayita

energie

human

prijs

gatii

contract

koontiraata

belasting

taaksii

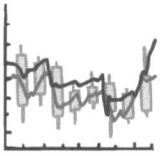

aandeel

shaqaxa

werken

hojjechuu

werknemer

qacaramaa

werkgever

qacaraa

fabriek

faabrikaas

winkel

dukkaana

beroepen
hojii

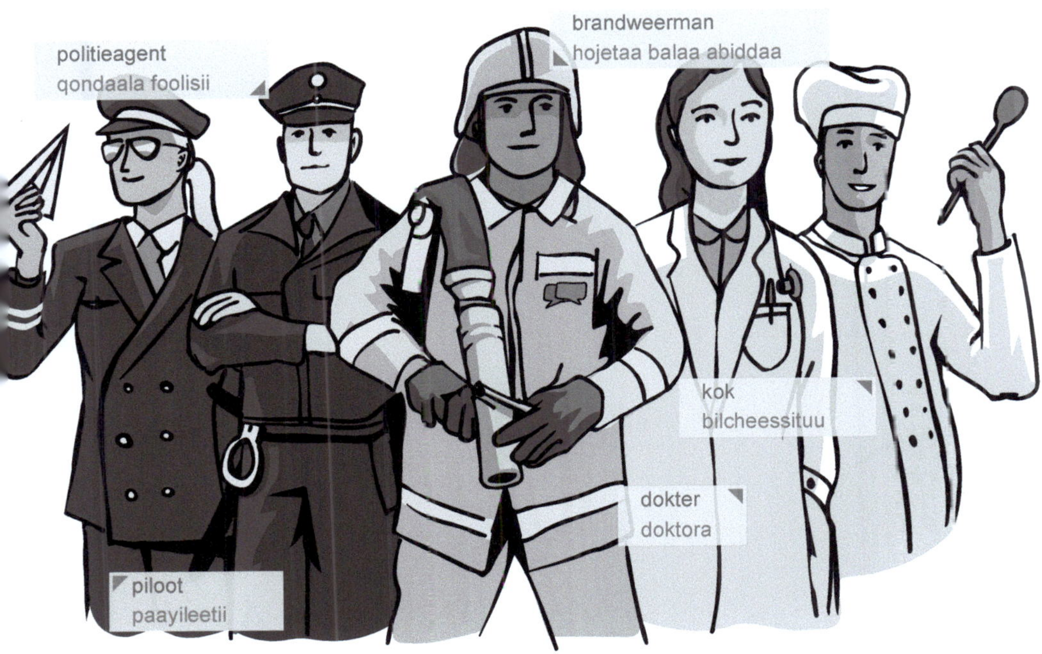
politieagent
qondaala foolisii
brandweerman
hojetaa balaa abiddaa
kok
bilcheessituu
dokter
doktora
piloot
paayileetii

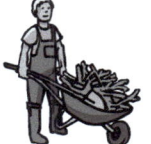

tuinman

waardiyyaa

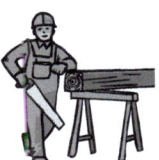

timmerman

ogeessa mukaa

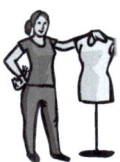

naaister

ooftuu jabalaa

rechter

abbaa seeraa

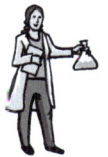

chemicus

keemistii

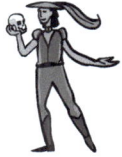

acteur

ta'aa

buschauffeur

konkolaachisaa

taxichauffeur

konkolaachisaataaksii

visser

qurxumii kiyyeessaa

schoonmaakster

qulqulleessituu

dakdekker

hojetaa baaxii

ober

keessummeessaa

jager

adamisituus

schilder

halluu dibduu

bakker

tolchituu

elektricien

elektrishaana

bouwvakker

ijaaraa

ingenieur

injinara

slager

mana foonii

loodgieter

hjjetaa ujummoo

postbode

poostaa geessituu

soldaat

raayyaa

architect

arkteektii

kassier

qarshi qabc uu

bloemist

abaaboo gurgurtuu

kapper

dabbasaa murtuu

conducteur

kondaakta a

mecanicien

makaanika

kapitein

kaappiteenii

tandarts

hakiima ilkee

wetenschapper

saayntiistii

rabbijn

rabbi

imam

imaama

monnik

moloskee

geestelijke

luba

werktuigen
meeshaalee

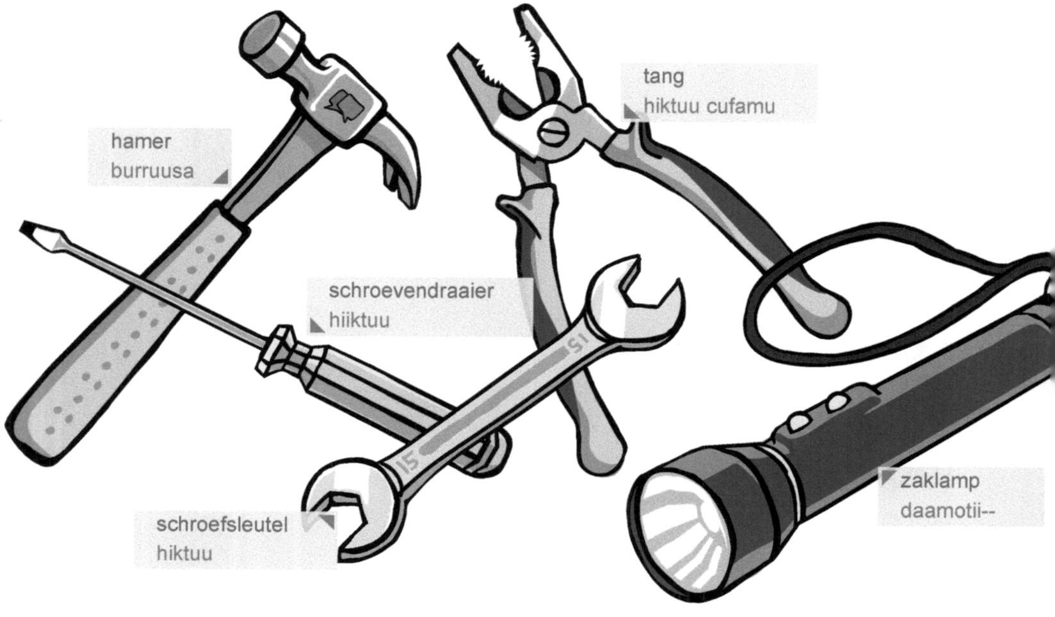
tang
hiktuu cufamu
hamer
burruusa
schroevendraaier
hiiktuu
zaklamp
daamotii--
schroefsleutel
hiktuu

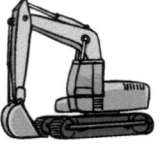

graafmachine
gasoo

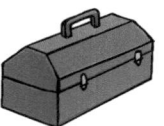

gereedschapskoffer
saanduqa meeshhalee

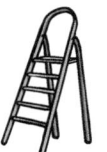

ladder
kortoo

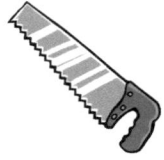

zaag
magaazii

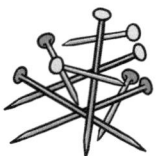

spijkers
bismaara

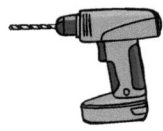

boormachine
diriilii

repareren
suphuu

schop
akaafaa

Verdomme!
dhaabi

blik
gataa balfaa

verfpot
qodaa haalluu

schroeven
hiktuu

muziekinstrumenten
meeshaalee muuziqaa

luidspreker
sagalee guddistuu

drumstel
teessoo dibbee

gitaar
gitaara

contrabas
sagalee baay'ee xiqqaa

trompet
tiraampeetii

piano
piyaanoo

viool
vaayoolinii

basgitaar
sagalee xiqqaa

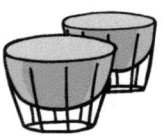

pauk
timpaanii

trommels
dibbee

keyboard
kiiboordii

saxofoon
saaksi foona

fluit
ulullee

microfoon
may craafoona

zoo

dallaa beeladaa

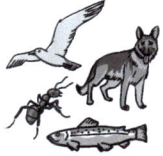

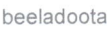

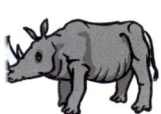

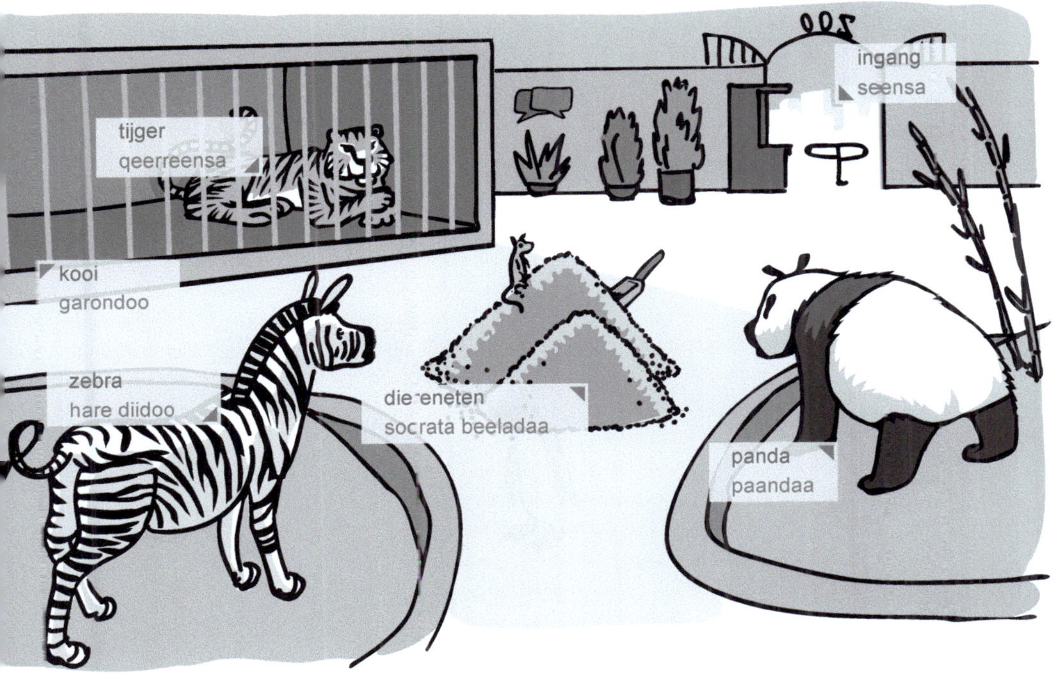

ingang
seensa
tijger
qeerreensa
kooi
garondoo
zebra
hare diidoo
die-eneten
socrata beeladaa
panda
paandaa

dieren

beeladoota

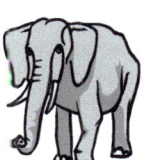

olifant

arba

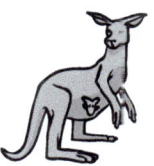

kangoeroe

kaangaaroo

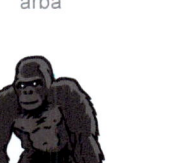

neushoorn

warseesa

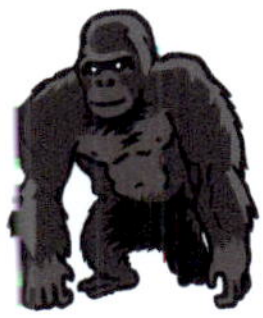

gorilla

jaldeessa guddaa

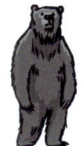

beer

godaa

kameel
gala

struisvogel
guchii

leeuw
leenca

aap
jaldeessa

flamingo
fiilaamingoo

papegaai
simbira dubbattu

ijsbeer
diibii poolarii

pinguïn
peengyuunii

haai
shaarkii

pauw
piikookii

slang
bofa

krokodil
qocaa

dierenverzorger
eegaa zoo

zeehond
chaappaa

jaguar
sanyii qeerensaa

pony

farda gabaabduu

luipaard

sanyii qeerrensaa

nijlpaarc

roobii

giraffe

sattaawwaa

adelaar

culullee

wild zwijn

ifaannaa

vis

qurxummii

zeeschildpad

qocaa galaanaa

walrus

beelada bishaan keessaa

vos

sardiida

gazelle

godaa

zoo - dallaa beeladaa

rugby
kubbaa miilaa ameerikaa

wielrennen
dargmmii bishkilileettaa

tennis
teenisa

basketbal
kubba kaachoo

zwemmen
bishaan daakkaa

boksen
aboottoo

ijshockey
sigigoo cabbie

voetbal

kubbaa miilaa

badminton

baadmentanii

atletiek

atileetii

handbal

kubba harkaa

skiën

skiing

polo

pooloo

activiteiten
sochii

lachen
kolfa
springen
utaalcha
knuffelen
hammachuu
wandelen
deemuu
zingen
sirbuu
dromen
abjuu
bidden
kadhannaa
kussen
dhungoo

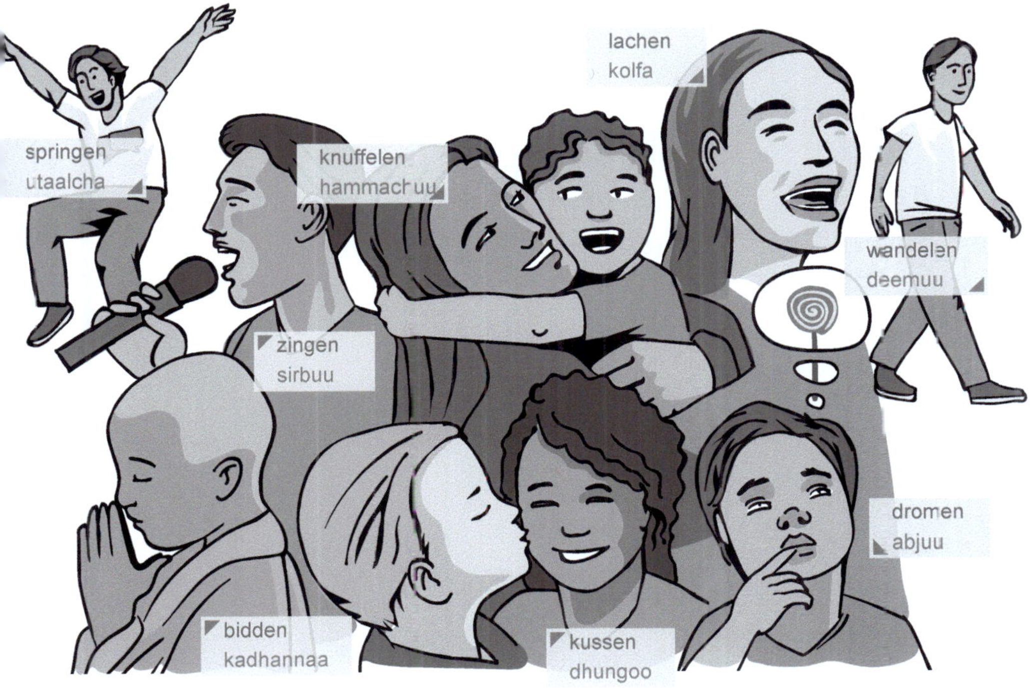

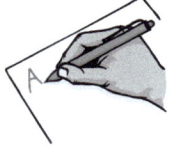

schrijven

barreessuu

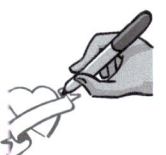

tekenen

fakkii kaasuu

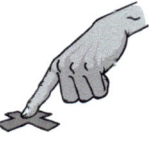

tonen

agrsiisuu

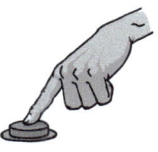

duwen

dhiibuu

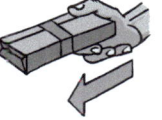

geven

kennuu

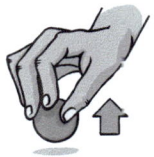

nemen

fudhachuu

hebben

qabaachuu

doen

gochuu

zijn

ta'uu

staan

dhaabbachuu

lopen

kaachuu

trekken

harkisuu

gooien

darbachuu

vallen

kufuu

liggen

soba

wachten

eeguu

dragen

baachuus

zitten

taa'uu

aankleden

uffachuu

slapen

rafuu

ontwaken

dammaqu

kijken naar

ilaaluu

wenen

iyyuu

aaien

dhiibbaa dhigaa

kammen

filuu

praten

haasa'uu

begrijpen

hubachuu

vragen

gaafachuu

luisteren

dhaggeeffachuu

drinken

dhuguu

eten

nyaachuu

opruimen

ol kaasuu

houden van

jaalala

koken

bilcheessuus

rijden

oofuu

vliegen

barrisuu

zeilen

jabalan

rekenen

heerregii

Lezen

dubbisuu

leren

baruumsa

werken

hojjechuu

trouwen

fuudha

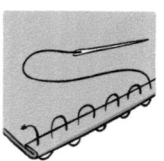

naaien

hodhuu

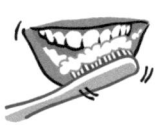

tandenpoetsen

ilkaan rigachuu

doden

ajjeecha

roken

xuuxuu

sturen

erguu

karaa haadhaa

grootvader
akaakayyuu karaa abbaa

vader
abbaa

moeder
haadha

baby
daa'ima

dochter
intala durbaa

zoon
ilma dhiiraa

gast

keessummaas

tante

adaadaa

oom

eessuma

broer

obboleessa

zus

obboleettii

lichaam

qaama

voorhoofd
adda
oog
ija
schouder
ceekuu
vinger
quba
gezicht
fuula
kin
igicii
hand
harka
borst
harma
been
luka
arm
irree

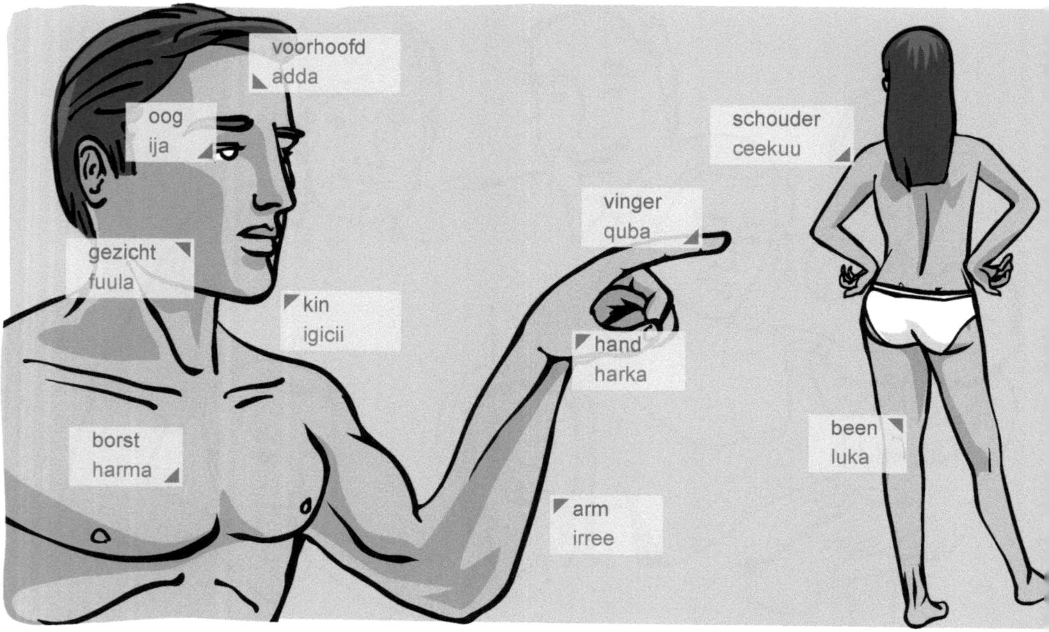

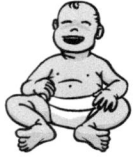

baby

daa'ima

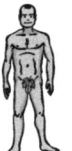

man

nama

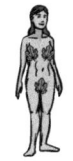

vrouw

dubartii

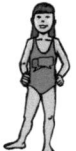

meisje

durba

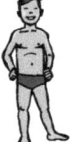

jongen

mucaa

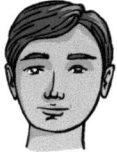

hoofd

mataa

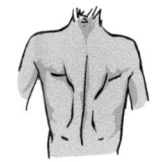

rug
duuba

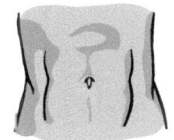

buik
godhami

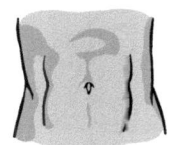

navel
belly button

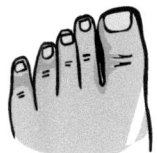

teen
qubq miilaa

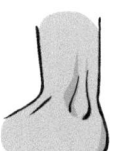

hiel
koomee

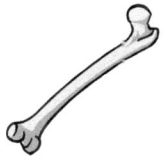

bot
lafee

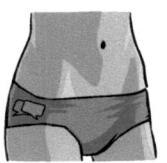

heup
dirra

knie
jilba

elleboog
ciqilee

neus
fuunyaan

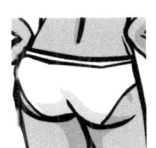

zitvlak
jala

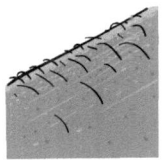

huid
gogaa

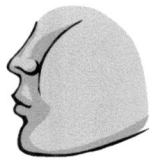

wang
boqoo

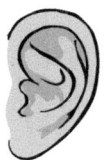

oor
gurra

lip
hidhii

mond
afaan

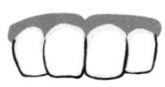

tand
ilkee

tong
arraba

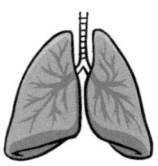

hersenen
sammuu

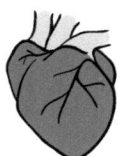

hart
onnee

spier
fon irree

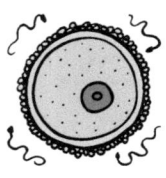

long
somba

lever
tiruu

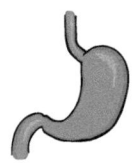

maag
garaacha

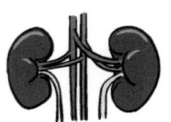

nieren
kaleewwan

seks
wal qunnamitii saalaa

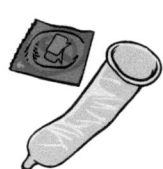

condoom
kondomii

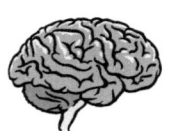

eicel
buphaa dubartii

sperma
mi'oo

zwangerschap
ulfa

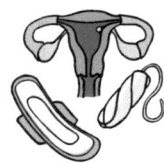

menstruatie

laguu ji'aa

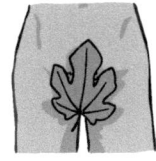

vagina

buqushaa

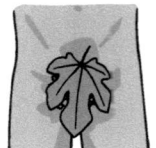

penis

tuffee

wenkbrauw

laboobbaa ijaa

haar

rifeensa

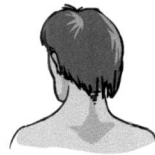

nek

morma

ziekenhuis
hospitaala

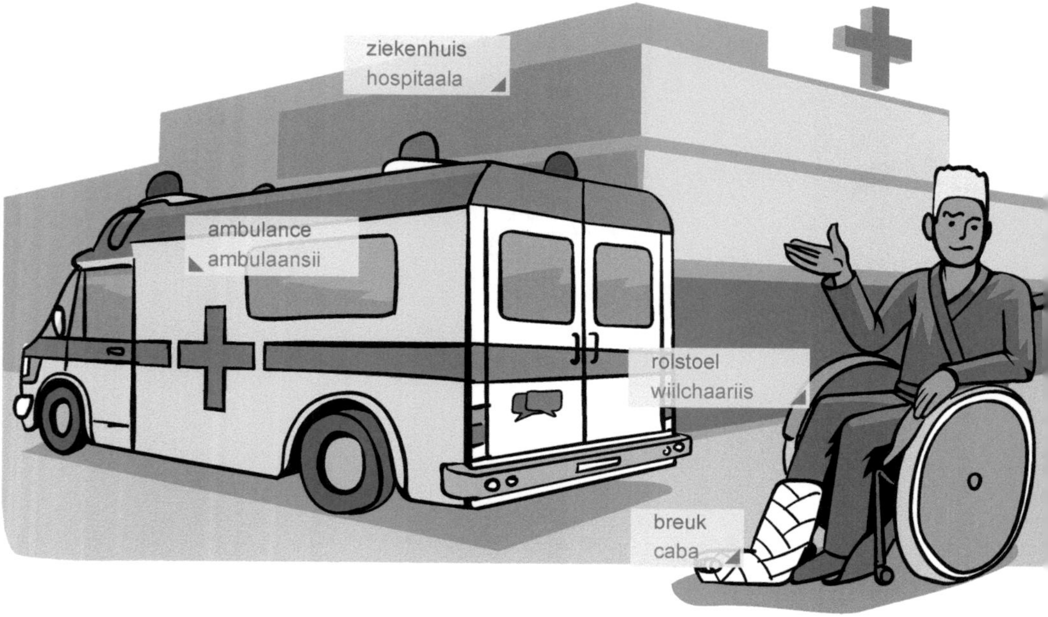

ziekenhuis
hospitaala
ambulance
ambulaansii
rolstoel
wiilchaariis
breuk
caba

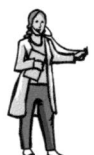

dokter

doktora

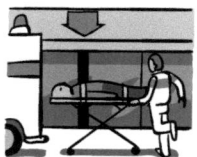

spoed

kutaa hatattamaa

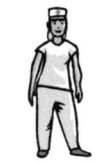

verpleegkundige

narsii

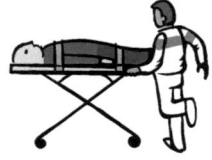

noodgeval

hatattama

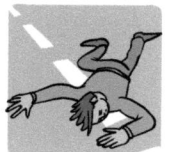

bewusteloos

kan hin dammaqin

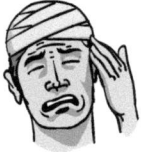

pijn

dhukkubbii

verwonding
miidhhaa

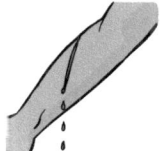

bloeding
dhiiguu

hartaanval
dhukkuba or nee

beroerte
baay'ina dhiigaa

allergie
hooqxoo

hoest
qufaa

koorts
oo'aa qaamaa

griep
qufaa

diarree
baasaa

hoofdpijn
bowoo mataa

kanker
kaansarii

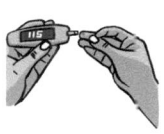

diabetes
dhibee sukkaaraa

chirurg
baqaqsanii hodhuu

scalpel
halbee

operatie
hojii

ziekenhuis - hospitaala

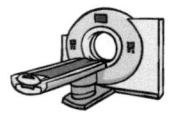

CT

CT

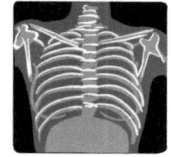

röntgenstraal

raajii

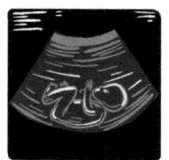

ultrageluid

aaltraasaawandii

gezichtsmasker

haguuggii fuuiaa

ziekte

dhukkuba

wachtkamer

kutaa haar galfii

kruk

hirkannaa

pleister

pilaastara

verband

baandeejii

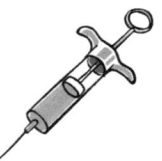

injectie

limmoo waraanuu

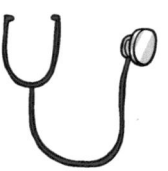

stethoscoop

isteetskooppi

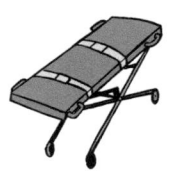

brancard

siree dhukkubsataa

thermometer

termoo meetira klinikaa

geboorte

dhaloota

overgewicht

ulfaatinaa ol

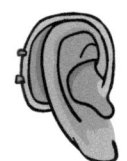

hoorapparaat

gargaaraa dhageettii

ontsmettingsmiddel

qoricha aramaa

infectie

miidhama keessaa

virus

vaayirasa

HIV / AIDS

ECH AAIVII / EEDSII

medicijn

qoricha

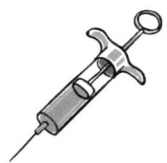

vaccinatie

talaallii

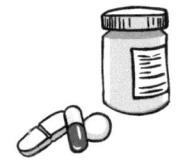

tabletten

kiniinii

pil

kiniinii

noodoproep

waamicha hatattamaa

bloeddrukmeter

too'attuu dhiibbaa dhiigaa

ziek / gezond

dhukkuba / fayyaa

Help! gargaarsa!	 alarm alaarmiis	 overval weerara
 aanval miidhuu	 gevaar suukaneessaa	 nooduitgang baha hatattamaa
Brand! abidda	 brandblusser abidda dhaamisituu	 ongeval balaa
 EHBO-kit saanduqa gargaasa calqabaa	 SOS Sii'oosii	 politie foolisii

Europa

awurooppaa

Noord-Amerika

ameerikaa kabaa

Zuid-Amerika

ameerikaa kibbaa

Afrika

afrikaa

Azië

eesiyaa

Australië

awustraaliyaa

Atlantische Oceaan

atilaantik

Stille Oceaan

paasfiik

Indische Oceaan

galaana hindii

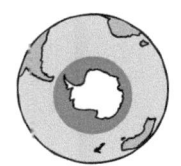

Antarctische Oceaan

galaana antaartikaa

Arctische Oceaan

galaana arkitiik

Noordpool

polii kaabaa

Zuidpool

polii kibbaa

Antarctica

antaartikaa

aarde

dachee

land

dachee

zee

garba

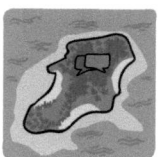

eiland

odola

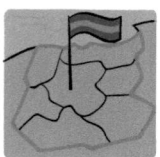

natie

lammii

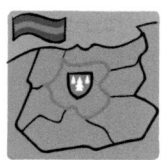

staat

kutt biyyaa

wijzerplaat

clock face

uurwijzer

sa'aatii kana

minuutwijzer

daqiiqaa kana

secondewijzer

moofaa

Hoe laat is het?

yeroon meeqa ta'ee?

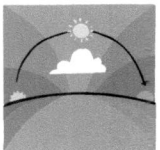

dag

guyyaa

tijd

yeroo

nu

amma

digitale horloge

sa'aatii diiskoo

minuut

daqiiqaa

uur

sa'aatii

week

torbee

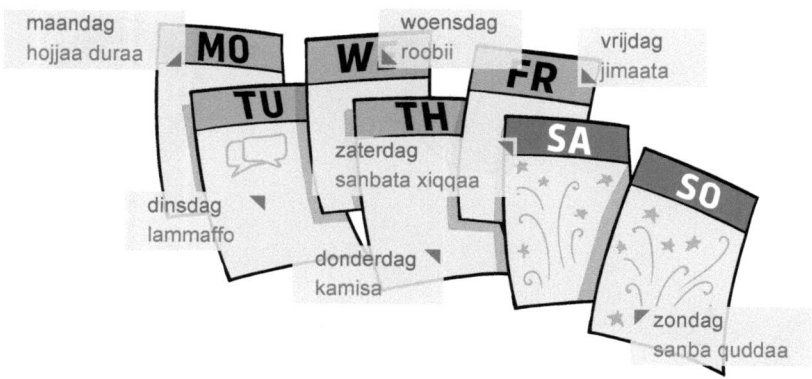

maandag
hojjaa duraa — MO

woensdag
roobii — W

vrijdag
jimaata — FR

TU

TH

SA

dinsdag
lammaffo

zaterdag
sanbata xiqqaa

SO

donderdag
kamisa

zondag
sanba quddaa

gisteren

kaleessa

vandaag

har'a

morgen

boru

ochtend

ganama

middag

guyyaa qixxee

avond

galgala

werkdagen

guyyaa hojii

weekend

dhuma forbee

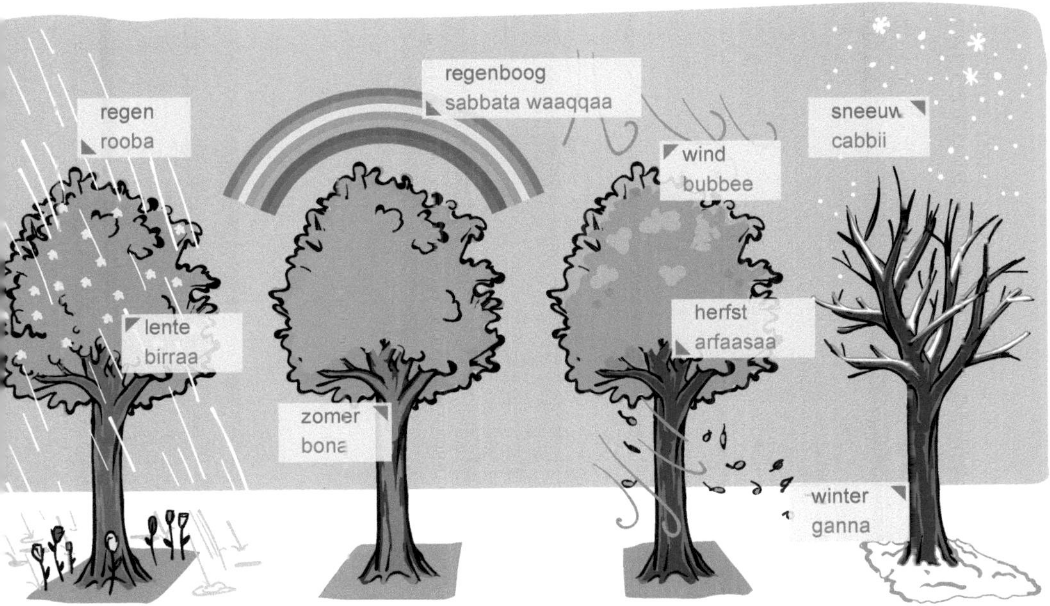

regen
rooba

regenboog
sabbata waaqqaa

sneeuw
cabbii

wind
bubbee

lente
birraa

herfst
arfaasaa

zomer
bona

winter
ganna

weervoorspelling
raaga haala qileensaa

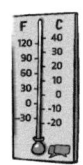

thermometer
teermoomeetirii

zonneschijn
baha aduu

wolk
duumessa

mist
hurii

vochtigheid
jiidha

bliksem

bakakkaa

donder

balaqqee

storm

dirrisa

hagel

cabbii

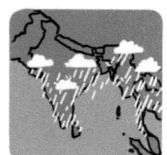

moesson

monsoon

overstroming

lolaa

ijs

cabbie

januari

Amajjii

februari

Gurraandhala

maart

Bitootessa

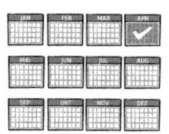

april

Eebila

mei

Caamsaa

juni

Waxabajji

juli

Adooleessa

augustus

Hagayya

september
....
Fulbaana

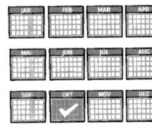

oktober
....
Cnkololeessa

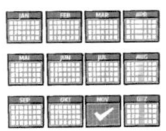

november
....
Sadaasa

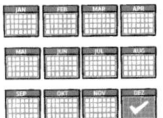

december
....
Muddee

vormen
boca

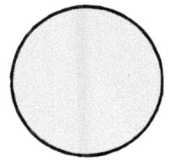

cirkel
....
geengoo

kwadraat
....
isqeerii

rechthoek
....
rog arfee

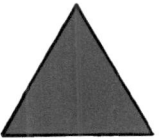

driehoek
....
rg sadee

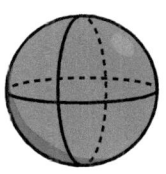

bol
....
molaalee

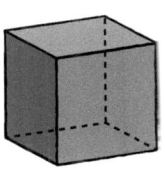

kubus
....
kuubii

kleuren
haluuwwan

wit
....
adii

geel
....
boora

oranje
....
keelloo

roze
....
boorilee

rood
....
diimaa

paars
....
bunnii

blauw
....
cuqliisa

groen
....
magariisa

bruin
....
magaala

grijs
....
bulee

zwart
....
gurraacha

veel / weinig

baay'ee / xiqqoo

boos / kalm

aara / gammachuu

mooi / lelijk

bareeda / fokkʋu

begin / einde

calqaba / xumuura

groot / klein

guddaa / xiqqaa

licht / donker

ifa / dukkana

broer / zus

obboleessa / obboleettii

proper / vuil

qulculluu / xurii

volledig / onvolledig

xumuuramaa / kan nin
xumuuramin

dag / nacht

guyyaa / halkan

dood / levend

du'aa / jiraa

breed / smal

bal'aa / dhiphaa

eetbaar / oneetbaar

kan nyaatamu / kan hin nyaatamne

kwaadaardig / vriendelijk

badd / gaarii

opgewonden / verveeld

gammachuu / ifannaa

dik / dun

furdaa / qal'aa

eerst / laatst

calqaba / dhuma

vriend / vijand

michuu / diina

vol / leeg

guutuu / duwwaa

hard / zacht

sakoruu / lalllaafaa

zwaar / licht

ulfaataa / salphaa

honger / dorst

beeluu / dheebuu

ziek / gezond

dhukkuba / fayyaa

illegaal / legaal

seer malee / seera qabeessa

intelligent / dom

gaanfuree / dabeessa

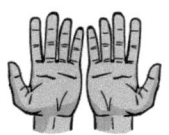

links / rechts

bitaa / mirga

dichtbij / veraf

maddii / fagoo

nieuw / gebruikt

haara'a / moofaa

niets / iets

homma / waan tokko

oud / jong

jaarsa / dargaggeessa

aan / uit

ibsuu / dhaamsuu

open / dicht

banuu / cufuu

stil / luid

callisuu / sagalee olkaasuu

rijk / arm

sooressa / hiyyeessa

juist / fout

sirrii / dogongora

ruw / glad

sokorruu / lallaafaa

droevig / blij

aara / gammachuu

kort / lang

dheeraa / gabaabaa

traag / snel

qususaa / collee

nat / droog

jiidhaa / goggogaa

warm / koud

oo'aa / qorraa

oorlog / vrede

lola / nagaa

tegengestelden - masaanuu

0

nul
duwwaa

1

één
tokko

2

twee
lama

3

drie
sadis

4

vier
afur

5

vijf
shan

6

zes
jaha

7

zeven
torba

8

acht
saddeet

9

negen
sagal

10

tien
kudhan

11

elf
kudha tokko

12

twaalf

kudha lama

13

dertien

kudha sadi

14

veertien

kudha afur

15

vijftien

kudha shan

16

zestien

kudha jaha

17

zeventien

kudha torba

18

achtien

kudha saddeet

19

regentien

kudha sagal

20

twintig

diigdama

100

honderd

dhibba

1.000

duizend

kuma

1.000.000

miljoen

maliyoona

Engels

Ingiliffa

Amerikaans Engels

Ingiliffa Ameerikaa

Chinees (Mandarijn)

Mandarinii chaayinaa

Hindi

Afaan Hindii

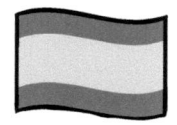

Spaans

Afaan Speen

Frans

Afaan Faransaay

Arabisch

Afaan Arabaa

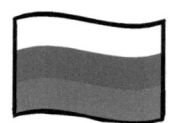

Russisch

Afaan Raashaa

Portugees

Afaan Poortugaal

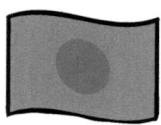

Bengali

Afaan Beengaal

Duits

Afaan Jarman

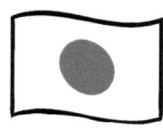

Japans

Afaan Jaappaan

ik
ana

u
si

hij / zij / het
isa / ishii / isa / wanɔotaf

wij
nu'ii

u
isin

ze
isan

wie?
eenyuu?

wat?
maal?

hoe?
akkamitti

waar?
eessa?

wanneer?
hoom?

naam
maqaa

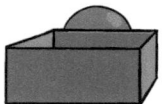

achter

duuba

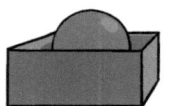

in

keessa

voor

fuldura

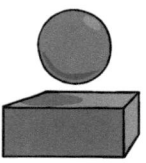

boven

irra

op

gubbaa

onder

jala

naast

maddii

tussen

gidduu

plaats

bakkee